Tierfreundschaften

Ich helfe anderen, Futter zu finden.

Ich beschütze oder schlage Alarm.

Ich hinterlasse Reste.

Ich putze oder räume auf.

Ich bin voller schmackhafter Krabbeltiere.

Coco & June

Tierfreundschaften

Ein Buch voller überraschender Duos

Aus dem Niederländischen
von Eva Schweikart

Verlag Freies Geistesleben

BÜFFEL

Ich bin ein Büffel. Vom Boden bis zur Schulter messe ich etwa zwei Meter.

Ich lebe mit meinen Artgenossen in einer Herde zusammen. Wenn wir von einem gefährlichen Raubtier angegriffen werden, bilden die Stärksten von uns einen Kreis um die Kälber. Mit unseren Hörnern vertreiben wir den Angreifer.

Tagsüber wird mir manchmal zu warm. Dann stelle ich mich mit den Füßen ins kühle Wasser oder nehme ein erfrischendes Schlammbad. Am Wasser gibt es sehr viele Insekten und andere kleine Tierchen. Sie krabbeln in meinem Fell herum, und das kitzelt ganz fürchterlich.

Weißt du, wer mich von den kleinen Quälgeistern befreit?

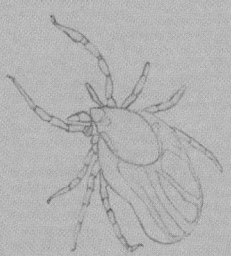

Ein Parasit lebt auf Kosten anderer. Eine Zecke beispielsweise schlüpft in mein Fell, sticht mich und saugt sich mit meinem Blut voll.

KUHREIHER

Ich bin ein Kuhreiher.

Ich helfe dem Büffel!

Insekten und Spinnentiere sind meine Lieblingsspeise. Oft lasse ich mich auf einem Büffel nieder und picke die Krabbeltierchen aus seinem Fell.

Hin und wieder habe ich Lust auf etwas anderes, zum Beispiel einen Frosch oder eine Maus. Büffel scheuchen beim Grasen allerlei kleine Tiere auf. Die kann ich dann ohne Mühe fangen.

Im Frühjahr wird mein gelber
Schnabel orange. Ebenfalls
orange werden einige
Federchen an meiner Brust.

Büffel, du bist mein **größter** Freund!
Glaubst du, es gibt noch mehr Tiere, die einander helfen?

Mööö

öglich...

Bei meiner Geburt
hatte ich blaue Augen.
Später haben sie sich
goldgelb gefärbt.

WOLF

Ich bin ein Wolf. Die meiste Zeit verbringe ich mit der Futtersuche. Meine Hauptnahrung sind große Säugetiere wie Hirsche und Wildschweine, aber notfalls nehme ich auch mit einem Hasen oder einem Kaninchen vorlieb. Oft streife ich tagelang mit leerem Magen herum, ehe ich ein großes Beutetier finde.

Weißt du, welches Tier mir beim Suchen hilft?

Wir Wölfe jagen für gewöhnlich als Familiengruppe. Solch eine Gruppe nennt man Rudel. Beim Jagen verständigen wir uns mit Geheul. So teilen wir einander mit, wo wir gerade sind.

Als neugeborener Welpe war ich blind und taub. Die ersten Wochen habe ich mit meinen Geschwistern in einer Höhle verbracht. Aber schon nach wenigen Monaten durften wir mit den großen Wölfen jagen.

Zwei Jahre bin ich bei meiner Familie geblieben. Jetzt mache ich mich auf die Suche nach einer Wölfin. Wir gründen dann ein eigenes Rudel, das ich anführe. Als Paar bleiben wir übrigens lebenslang zusammen.

RABE

Ich bin ein Rabe. Mit der Krähe bin ich zwar verwandt, aber rund 20 Zentimeter größer. Du erkennst mich an meinem schwarz glänzenden Federkleid und an meinem heiseren Krächzen:

KROA KROA

Weil wir Raben nicht sehr zahlreich sind, bekommst du uns nicht oft zu sehen.

Weißt du, welches Tier mir dabei hilft, Nahrung zu finden?

Ich fresse gerne Aas. Als Aas (oder Kadaver) bezeichnet man den Körper eines toten Tieres. Wenn wir uns zu mehreren an einem Kadaver gütlich tun, verstecke ich heimlich kleine Fleischbröckchen für später. An bis zu zehn verschiedenen Stellen! Schlau, wie ich bin, achte ich darauf, wo die übrigen Raben ihre Verstecke anlegen. So kann ich bei Bedarf etwas stehlen.

Früher glaubten die Menschen, ich würde Unglück bringen. Aber das ist Unsinn! Zusammen mit anderen Aasfressern räume ich in der Natur auf.

KROA

Rabe

Krähe

Ich kann Laute
anderer Tiere
nachahmen.
Auch deine Stimme!

Rabe, sag mir Bescheid, wenn du ein verletztes
Tier siehst, das ich leicht jagen kann.

Kroooaa!

Kroooaa!

Mir nach.

Essenszeit!

Wenn der Wolf ein Tier erlegt hat, bin ich rasch zur Stelle.
Sobald er satt ist, mache ich mich über die Reste her.

Man könnte meinen,
ich wäre am Boden
festgewachsen. Aber
das stimmt nicht:
Ich kann kriechen!
Manchmal streiten
wir um die beste
Stelle auf unserem
Felsen, dann schieben
wir einander gaaanz
langsam beiseite.

SEEANEMONE

Ich bin eine Seeanemone. Auch wenn ich nicht so aussehe — ich bin ein Tier! Und ich lebe im Meer. Mein schlauchförmiger Körper ist hohl, und die Öffnung oben ist mein Mund. Um den Mund herum habe ich Fangarme, die man Tentakel nennt. Sie sind mit giftigen Nesselzellen besetzt. Das wissen viele Tiere und halten sich darum fern.

Augen habe ich keine, aber ich spüre es, wenn ein Beutefisch in der Nähe ist. Dann schieße ich aus meinen Tentakeln Giftpfeile ab. Sie lähmen den Fisch, sodass ich ihn mit den Armen packen und in meinen Mund stopfen kann.

Vor allem in warmen Meeren kommen wir in vielerlei Größen und Farben vor: orange, violett und sogar leuchtend grün.

Mit meiner klebrigen Fußscheibe hefte ich mich an den felsigen Untergrund. Auch wenn wir Seeanemonen uns ein wenig bewegen können, verbringen die meisten von uns ihr ganzes Leben am gleichen Ort.

Weißt du, wer mich zu neuen Futterplätzen mitnehmen kann?

EINSIEDLERKREBS

Ich bin ein Einsiedlerkrebs. Meistens halte ich mich am Meeresgrund auf, doch du findest mich auch am Strand.

Meine Beine sind gepanzert und somit geschützt. Mein Hinterleib aber ist unbedeckt. Darum suche ich mir so bald wie möglich eine Unterkunft. Dafür wähle ich ein Schneckenhaus, in das ich gut hineinpasse. Mit den hinteren Beinen halte ich mich daran fest. So kann ich meine Behausung mit mir herumtragen und mich bei Gefahr darin verkriechen.

Wenn mein Schneckenhaus zu klein wird, weil ich gewachsen bin, muss ich umziehen. Finde ich kein passendes neues Haus, dann vertreibe ich einen Artgenossen aus seinem. Ich klopfe so lange an sein Haus, bis er es nicht mehr aushält.

Statt Händen habe ich zwei Scheren, eine große und eine kleine. Mit der großen verteidige ich mich. Außerdem knacke ich damit Muscheln. Und mit der kleinen stecke ich mir Futter in den Mund. Außer Muscheln, Würmern und Kleinkrebsen verspeise ich auch tote Fische und räume somit am Meeresgrund auf.

Leider bin ich eine beliebte Beute für Räuber wie etwa Haie.

In meinem
Schneckenhaus
lebt ein Borstenwurm,
der es innen sauber
hält.

Weißt du, wer mich
beschützen kann?

Mit einer Seeanemone auf meinem Haus
bin ich für Feinde schwer zu erkennen.

Beim Umzug in eine größere

Behausung nehme ich
meine Anemone mit.

Bei Gefahr laufen wir
mit aufgestelltem
Schwanz davon.

WARZENSCHWEIN

Ich bin ein Warzenschwein. Man erkennt mich an meinem sehr großen Kopf und den auffälligen Höckern im Gesicht, den Warzen. Dank meiner langen Eckzähne, die Hauer genannt werden, kann ich mich gut verteidigen.

Wenn ich mit der Schnauze im Boden herumwühle, bin ich auf der Suche nach Wurzeln und Knollen. Damit ich bequem an sie herankomme, knicke ich die Vorderbeine ein. Das sieht dann aus, als würde ich auf den Knien liegen. In Wirklichkeit liege ich aber auf den Fußgelenken, denn ich gehe auf den Zehenspitzen.

Ich übernachte gern in der Höhle eines Erdferkels. Das Erdferkel schläft nämlich tagsüber und braucht nachts keinen Ruheplatz. Ich manövriere mich rückwärts hinein. So kann ich Störenfriede mit einem wuchtigen Kopfstoß vertreiben.

Bei großer Hitze lege ich mich in den Schatten eines Baumes. Dann bleibe ich aber meist nicht lange alleine.

Weißt du, wer ein guter Freund von mir ist?

ZEBRAMANGUSTE

Ich bin eine Zebramanguste. Meinen Namen habe ich bekommen, weil ich ein gestreiftes Fell habe, so wie das Zebra. Zu Hause bin ich in der Savanne.

Als kleines Raubtier ernähre ich mich von Fleisch. Und weil ich ein furchtloser Jäger bin, greife ich sogar giftige Skorpione oder Schlangen wie Kobras an. Aber oft begnüge ich mich mit Eidechsen, Fröschen und Käfern.

In dem afrikanischen Land Uganda sieht man mich öfter zusammen mit dem Warzenschwein. Es lässt mich sogar auf seinen Rücken klettern. Weißt du, warum?

Als Behausung nutze ich entweder eine selbst gebaute Höhle oder einen verlassenen Termitenhügel. Termiten sind Insekten und leben, genau wie Ameisen, in Kolonien. Aus Erde, zerkautem Holz und Spucke als Bindemittel errichten sie große Wohnhügel mit Gängen und Kammern im Innern.

Die Weibchen unserer Gruppe bringen ihre Jungen fast alle am gleichen Tag zur Welt. Weil dann nicht mehr ganz klar ist, welches Kind zu welcher Mutter gehört, sorgen wir alle zusammen für die Kleinen.

Ihr kleinen Freunde, vergesst bitte
nicht, meinen Po nach INSEKTEN
abzusuchen. Das lästige Viehzeug
ist wirklich ÜBERALL!

Mmm, da ist ja noch
eine Zecke!
LECKER!

Tut das gut,
mal wieder gründlich
gesäubert zu werden!

Weißt du, wer mir ab und zu einen
Leckerbissen wegschnappt?

SILBERDACHS

Ich bin ein Silberdachs. Meine Heimat ist Nordamerika, und ich bin etwas kleiner als die Dachse in Europa. Mein Rückenfell ist unscheinbar grau, am Bauch bin ich etwas heller. Dafür ist mein Kopf auffällig schwarz-weiß gestreift.

Ich bewohne einen unterirdischen Bau, den man Burg nennt. Er hat lange Gänge und mehrere Kammern. An der tiefsten Stelle befindet sich mein Schlafplatz. Bei großer Kälte verschließe ich das Eingangsloch, damit ich es schön warm habe. Im Winter verlasse ich meine Burg manchmal wochenlang nicht. Nur wenn die Vorratskammer leer ist, gehe ich draußen auf die Jagd.

Auf meinem Speisezettel stehen auch Pflanzen und Vogeleier, aber am besten schmecken mir kleine Säugetiere wie Mäuse, Maulwürfe und Kaninchen. Es fällt mir nicht schwer, sie im Boden aufzuspüren: Meine feine Nase verrät mir, wo ich graben muss, um an eine Mahlzeit zu kommen.

Ab und zu folge ich einem Präriehund in seinen Bau. Wenn ich Glück habe, erwische ich ihn, ehe er in einem Gang verschwunden ist.

Präriehund

KOJOTE

Ich bin ein Kojote. Weil ich dem Wolf ähnlich sehe, nennt man mich auch «Präriewolf». Und Prärien wiederum nennt man die weiten Grasebenen von Nordamerika.

Ich fresse alles, was mir so über den Weg läuft. Meistens sind das Nagetiere, hin und wieder fange ich aber auch einen Fisch oder einen Frosch. Wenn ich mit anderen Kojoten im Rudel jage, können wir sogar einen Elch überwältigen.

Wölfe, Bären und Pumas sind meine Feinde. Vor allem aber machen die Menschen Jagd auf mich, weil ich öfter mal Schafe reiße. Wir Kojoten sind aber auch nützlich. Wir sorgen dafür, dass es nicht zu viele Ratten und Kaninchen gibt, die den Bauern die Ernte wegfressen.

Obwohl ich sehr schnell bin, entwischt mir so mancher Nager, indem er unter der Erde verschwindet. Und weil meine Pfoten sich nicht zum Graben eignen, muss ich dann geduldig warten, bis er wieder hervorkommt.

Weißt du, welches Tier gut graben und mir helfen kann?

Wolf   Kojote

Anders als der Wolf
bin ich eher schmal
gebaut, und ich wiege
auch nur halb so viel
wie er.

He, Dachs!

Ich habe gerade einen Präriehund verfolgt.
Aber der ist in dem Loch hier
verschwunden.

Hast du ihn vielleicht
gesehen?

Ja!

Hat mir WUNDERBAR geschmeckt!

VIELEN DANK, Kojote!

Die nächste Beute gehört dann dir.

Wenn du dein
Fahrrad im Sommer
unter einem Baum mit
Blattläusen abstellst,
kann es sein, dass der
Sattel vom herab-
tropfenden Honigtau
klebrig wird.

BLATTLAUS

Ich bin eine Blattlaus. Meine Länge beträgt nur drei Millimeter. Ich bin grün, es gibt aber auch weiße, schwarze, violette und rote Blattläuse. Aus den roten gewinnen die Menschen den Farbstoff Karmin. Er wird für Wandfarbe und Süßigkeiten verwendet.

Ich sitze auf Blättern und Stängeln von Pflanzen. Mit meinem Stechrüssel sauge ich daraus zuckerhaltigen Saft. Von einem Teil ernähre ich mich, den Rest gebe ich als Honigtau wieder ab.

Wie die meisten Blattläuse habe ich kein Elternpaar, sondern nur eine Mutter. Der Grund: Unsere Weibchen können auch ohne Männchen Nachwuchs haben. Im Sommer schlüpfen sehr viele von uns. Wenn genug Nahrung da ist, kommen wir ohne Flügel zur Welt. Ist die Nahrung aber knapp, weil zum Beispiel unsere Futterpflanze verdorrt ist, dann haben wir Flügel. So können wir zu frischem Grün fliegen.

Ich bin die Lieblingsspeise des Marienkäfers. Ein einziger Marienkäfer verzehrt gut 100 Blattläuse am Tag.

Marienkäfer

Weißt du, wer mich beschützen kann?

AMEISE

Ich bin eine Ameise. Fast überall auf der Erde kommen wir Ameisen vor — im Regenwald, in der Wüste und so weiter. Und natürlich auch in eurem Garten. Nur am Nord- und Südpol findet man uns nicht. Wir sind eine sehr alte Tiergruppe, es gab uns schon zur Zeit der Dinosaurier!

Wir leben zu Tausenden in einer Kolonie zusammen, die man auch Staat nennt. Das wichtigste Tier in unserem Staat ist die Ameisenkönigin. Sie ist größer als alle anderen.

Jede von uns hat ihre Aufgabe. Ich zum Beispiel sorge für genug Nahrung. So wie ein Bauer Kühe hält, halte ich Blattläuse. Ich biete ihnen Schutz vor Feinden wie dem Marienkäfer, und dafür darf ich sie melken. Sie liefern einen süßen Trank.

Weißt du, wie der Trank heißt, den ich von den Blattläusen bekomme?

Wenn ich einer anderen
Ameise begegne, dann
berühren wir uns gegen-
seitig mit den Fühlern.
Auf diese Weise begrüßen
wir einander und riechen
gleichzeitig, ob wir zur
gleichen Kolonie gehören.

Ich habe zwei Mägen.
Der erste ist für meine
eigene Nahrung bestimmt,
der zweite ist ein Speicher
für das Futter, das ich
anderen Ameisen abgebe.

Kommt her,

ihr lieben Kleinen! Gebt mir etwas von eurem köstlichen **Honigtau.**

Hihi,
deine **Fühler** kitzeln.

Ich kann ins helle
Sonnenlicht blicken,
ohne geblendet zu
werden. Die schwarzen
Flecke um meine Augen
wirken nämlich wie eine
Sonnenbrille.

ERDMÄNNCHEN

Ich bin ein Erdmännchen. Mein Zuhause sind die trockenen Gebiete im südlichen Afrika.

Wir leben in einer Gruppe, und jedes Mitglied hat seine Aufgabe. Manche beschaffen Futter, andere kümmern sich um den Nachwuchs. Und mein Job ist es, Wache zu halten. Dazu klettere ich auf einen hohen Stein. Dort stelle ich mich auf die Hinterfüße und halte mit dem Schwanz das Gleichgewicht. Wenn ich einen Feind entdecke, etwa einen Greifvogel, dann schlage ich Alarm, indem ich belle oder pfeife. Und wir sausen alle in unseren Bau.

Aufs Graben verstehen wir uns ausgezeichnet. Unser Bau hat über zehn Eingänge, und die Tunnel im Innern sind viele Meter lang. Außerdem legen wir Kammern an. Einige dienen zum Schlafen, andere als Kinderstuben und wieder andere als Futterlager. Wir haben sogar eine Toilette. Weil unsere Gruppe groß ist, ist diese Kammer schnell voller Kot.

Weißt du, wer uns helfen kann, die Toilette sauber zu halten?

MISTKÄFER

Ich bin ein Mistkäfer. Es gibt über 150 Arten von Mistkäfern, und wir alle ernähren uns von Mist, mit anderen Worten Kot. Pfui, denkst du jetzt wahrscheinlich. Aber überleg mal: Wenn eine große Herde Zebras oder Elefanten vorbeizieht, ist der Boden hinterher voller Kothaufen. Wir machen uns dann nützlich, indem wir die stinkenden Hinterlassenschaften wegräumen.

Mit meinen Fühlern rieche ich schon von Weitem, wo es etwas zu holen gibt. Im Nu bin ich dort und forme eine tennisballgroße Kugel aus Kot. Die rolle ich anschließend mit den Hinterbeinen weg. Weil ich mächtig stark bin, kann ich ein Vielfaches meines eigenen Gewichts befördern.

In die Kugel lege ich ein Ei und vergrabe sie im Boden. Nach einiger Zeit schlüpft eine Larve aus dem Ei. Sie ernährt sich von dem Kot um sie herum und wird dabei groß und dick. Wenn etwa zwei Jahre vergangen sind, kriecht schließlich ein neuer Käfer aus dem Boden hervor und macht sich auf die Suche nach ... Mist!

Die Toilette einer Erdmännchenfamilie ausräumen ist für mich ein Traumjob!

Die Alten Ägypter haben
Mistkäfer als heilig
verehrt. Sie hielten es
für ein Wunder, dass
ständig neue Käfer aus
dem Boden kamen.
Dass vorher andere
Mistkäfer Kotkugeln mit
Eiern vergraben hatten,
wussten sie nicht.

Mamaaaaaa?

Was macht der Käfer mit unserer Kacka?

Super,
so ein Erdmännchenklo!
Jetzt muss ich aber los
und meine Kugel vergraben!

Ich bin nicht nur
stachlig, sondern auch
sehr giftig.

IGELFISCH

Ich bin ein Igelfisch. Mein Lebensraum sind warme Meere mit Korallenriffen.

Als langsamer Schwimmer kann ich nicht schnell vor Feinden Reißaus nehmen. Aber ich habe einen Trick, um sie mir vom Leib zu halten. Bei Gefahr sauge ich so viel Wasser ein, dass mein Körper wie ein Ballon aussieht. Innerhalb von zehn Sekunden bin ich dann dreimal so groß wie vorher. Außerdem richte ich meine Stacheln auf. Kaum ein Raubfisch ist auf solch eine Stachelkugel erpicht. Und ich habe wieder meine Ruhe …

Wenn ich gründlich sauber gemacht werden will, schwimme ich zu einer Putzstation. Das ist eine bestimmte Stelle im Riff, an der meist schon andere Fische darauf warten, gesäubert zu werden.

Weißt du, welche Tiere an der Putzstation arbeiten?

PUTZERLIPPFISCH

Ich bin ein Putzerlippfisch. Mein auffälligstes Merkmal sind die dunklen Streifen am Körper.

Ich bin klein, habe aber etwas Besonderes zu bieten: Zusammen mit anderen Putzerlippfischen und mit Putzergarnelen fresse ich größeren Fischen die Parasiten von der Haut. Außerdem machen wir ihre Kiemen sauber.

Ich putze sogar Haien die Zähne!

Wenn an unserer Putzstation viel Betrieb ist, kommt es vor, dass ich bis zu 100 Kunden am Tag bediene.

Es gibt übrigens auch falsche Putzerlippfische. Sie sehen genauso aus wie ich. Und während ein größerer Fisch noch glaubt, dass er gerade gesäubert wird, hat der Betrüger ihm auch schon ein Stückchen Flosse abgebissen.

Bevor ich mich ans
Putzen mache, führe
ich einen kleinen Tanz
auf.

Hey, ihr Putzerlippfische!

Den nächsten dicken Fisch übernehme ich!

Achtung!
Die Putzergarnele will uns Kunden abwerben!

Ich sondere einen so
üblen Geruch ab, dass
andere Tiere mich
gerne in Ruhe lassen.

HONIGDACHS

Ich bin ein Honigdachs. Man findet mich in Afrika und in Teilen von Asien. Ich lebe am Rand von Wüsten, in der Savanne und sogar im Regenwald. Die Dachse in Amerika und Europa sind mit mir verwandt.

Ich fürchte mich vor nichts und niemandem. Mit meinen kräftigen Kiefern und den scharfen Zähnen kann ich mich hervorragend verteidigen. Wenn es sein muss, kämpfe ich auch gegen einen Löwen oder einen Büffel.

Was meine Nahrung angeht, bin ich nicht wählerisch. Als Allesfresser verspeise ich Pflanzen und allerlei Tiere von Käfern über Mäuse bis hin zu Giftschlangen. Allerdings habe ich, wie mein Name verrät, eine besondere Vorliebe: Honig! Mit meinen starken Klauen breche ich Bienennester auf. Und weil mein Fell sehr dicht ist, bin ich vor Stichen gut geschützt. Bienennester sind übrigens gar nicht leicht zu finden ...

Weißt du, wer mir den Weg zu ihnen zeigt?

HONIGANZEIGER

Ich bin ein Honiganzeiger. Mein Schnabel ist rosa, ich habe an den Wangen weiße Flecken und an den Schultern gelbe Streifchen.

Ich spanne gern andere für mich ein. So baue ich zum Beispiel kein eigenes Nest, sondern lege mein Ei heimlich in ein fremdes. Wenn das Küken geschlüpft ist, muss ich es nicht versorgen. Das übernehmen die Pflegeeltern.

Ich fresse gern Insekten, aber meine Lieblingsspeise sind Bienenlarven. Ich fliege umher und suche in hohlen Bäumen und Felsspalten nach einem Bienennest. Selbst aufbrechen kann ich das Nest nicht, und ich habe auch keine Lust, gestochen zu werden. Darum überlasse ich die schwere Arbeit einem anderen Tier.

Weißt du, wen ich mit meinem Zwitschern zu den Bienen locke?

Mein Küken kommt mit
einem spitzen Dorn am
Schnabel aus dem Ei.
Damit zerstört es die
anderen Eier im Nest,
damit es als Einzelkind
Vorteile hat. Ganz
schön gemein, oder?

Mmm,

endlich habe ich ein Bienennest gefunden!

Eine Zebraherde legt
pro Jahr über 500
Kilometer zurück.

ZEBRA

Ich bin ein Zebra. Meine Heimat sind die Savannen Afrikas, und ich ernähre mich von Gras.

Wir Zebras haben alle ein gestreiftes Fell. Aber bei jedem von uns ist das Muster ein wenig anders, so wie der Fingerabdruck bei den Menschen.

Meine Streifen sind ein Schutz gegen Raubtiere. Wenn unsere Herde vor einem Löwen flieht, verwirrt ihn das Streifendurcheinander so sehr, dass er kein einzelnes Zebra mehr ausmachen kann. Und weil Löwen farbenblind sind, sehen sie uns kaum im hohen Gras. Die Streifen schützen auch vor Stechfliegen, weil sie ihnen die Orientierung beim Heranfliegen schwer machen.

Ich kann sehr gut hören. Und auch mein Geruchssinn ist scharf. Ich rieche nicht nur mit der Nase, sondern auch mit dem Mund. Sehen kann ich nicht ganz so gut.

Weißt du, welches Tier mich warnt, wenn ein Raubtier sich nähert?

Stechfliege

STRAUSS

Ich bin ein Strauß. Kein Blumenstrauß, sondern ein Vogel. Fliegen kann ich nicht. Trotzdem bin ich gleich mehrfacher Rekordhalter.

Mit meinen langen Beinen und dem langen Hals bin ich der größte Vogel der Erde. Ich werde über 2,5 Meter groß. Außerdem bin ich der schnellste Zweibeiner, den es gibt. Ich bringe es beim Rennen auf 70 Stundenkilometer und lege mit einem einzigen Schritt fünf Meter zurück.

Meine Augen sind fast so groß wie Hühnereier. Sie sitzen seitlich am Kopf. So sehe ich alles um mich herum. Und wenn ich ein Raubtier erspähe, schlage ich sofort Alarm.

Ich ernähre mich hauptsächlich von Pflanzen, fresse aber auch Eidechsen, Schlangen und kleine Nagetiere, die sich gern im Gras verstecken. Darum halte ich mich oft in der Nähe von Herdentieren auf, die viele Stunden am Tag grasen. Sie scheuchen dabei Tiere auf, die ich dann fangen kann.

Kennst du ein grasfressendes Tier, das in Herden in der Savanne lebt?

Manchmal döse ich im
Stehen mit offenen Augen.
So denken andere, dass ich
ständig gut aufpasse.

He, Zebra!

Die gefährlichen Hyänen kommen!

Die belgische Originalausgabe erschien 2020 unter dem Titel
diervrienden. een boek vol beestige duo's bei Infodok / Standaard Uitgeverij nv, Antwerpen.
www.standaarduitgeverij.be

Die deutsche Ausgabe wurde mit Unterstützung der Flanders Literature herausgegeben.
www.flandersliterature.be

ISBN 978-3-7725-2911-5

1. Auflage 2023

Verlag Freies Geistesleben
Landhausstraße 82 · 70190 Stuttgart
www.geistesleben.com

Für die deutsche Ausgabe: © Verlag Freies Geistesleben & Urachhaus GmbH, Stuttgart
Originalausgabe: © 2020 Infodok / Standaard Uitgeverij nv,
Franklin Rooseveltplaats 12, B-2060 Antwerpen en Coco & June
Hergestellt unter der Lizenz von Davidsfonds.
‹Infodok› ist eine registrierte Marke von Davidsfonds vzw.
www.standaarduitgeverij.be/infodok

Text und Illustrationen: Coco & June
Herstellung: Smets & Ruppol
Druck: Print Best, Viljandi, Estland
Dieses Buch wurde klimaneutral produziert.
Alle Rechte vorbehalten.

Entdecken Sie weitere
Bilderbücher:
geistesleben.de/bilderbuch

Bleiben Sie mit unserem Newsletter
auf dem Laufenden:
geistesleben.de/newsletter